Birgit Pauls

DATENSCHUTZ

WER HAT DEN

SCHWARZEN PETER?

Birgit Pauls

DATENSCHUTZ
WER HAT DEN
SCHWARZEN PETER?

1.   Auflage 2020

Bibliografische Information der Deutschen Nationalbibliothek:
Die Deutsche Nationalbibliothek verzeichnet diese Publikation
in der Deutschen Nationalbibliografie; detaillierte
bibliografische Daten sind im Internet über http://dnb.dnb.de
abrufbar.

Foto: Birgit Pauls

Cover: Birgit Pauls mit BoD Easy Cover

Herstellung und Verlag: BoD – Books on Demand,
Norderstedt

ISBN: 978-3-7504-6012-6

CHARTA DER GRUNDRECHTE DER EUROPÄISCHEN UNION (2010/C 83/02)

Artikel 8

Schutz personenbezogener Daten

(1) Jede Person hat das Recht auf Schutz der sie betreffenden personenbezogenen Daten.

(2) Diese Daten dürfen nur nach Treu und Glauben für festgelegte Zwecke und mit Einwilligung der betroffenen Person oder auf einer sonstigen gesetzlich geregelten legitimen Grundlage verarbeitet werden. Jede Person hat das Recht, Auskunft über die sie betreffenden erhobenen Daten zu erhalten und die Berichtigung der Daten zu erwirken.

(3) Die Einhaltung dieser Vorschriften wird von einer unabhängigen Stelle überwacht.

Inhaltsverzeichnis

1. Datenschutz – Wer hat den schwarzen Peter? 9

2. Ein Ausflug in die Vergangenheit 10

2.1 Verschwiegenheitsregeln vor der „Ära Datenschutz"..............11

2.2 Datenschutzgesetze 13

3. Die Mitspieler..15

4. Wer macht nun was konkret? 18

4.1 Verantwortlicher 19

4.2 Verantwortlicher / Verfahrensverantwortlicher 20

4.3 Datenschutzbeauftragter 23

4.4 IT-Abteilung..25

4.5 Beschäftige 26

4.6 Ggf. beteiligte Auftragsverarbeiter 27

4.7 Übersicht Aufgabenverteilung 28

Abkürzungsverzeichnis.................................32

I

1. Datenschutz – Wer hat den schwarzen Peter?

Der Umgang mit den Aufgaben des Datenschutzes erinnert in vielen Organisationen häufig an das alte Spiel aus Kinderzeiten: Schwarzer Peter. Die Karte „Schwarzer Peter" war ist Teil des Spiels, doch niemand wollte sie. Wer sie bei Spielende besaß, hatte verloren.

Fragt man in Organisationen, wer gewisse Aufgaben hat, die sich aus der Datenschutzgesetzgebung ableiten, ist es oft wie beim Schwarzer-Peter-Spiel: Niemand fühlt sich zuständig. Dabei enthalten die gesetzlichen Regelungen zum Datenschutz, insbesondere die Datenschutz Grundverordnung (DSGVO), ganz klare Vorgaben bezüglich der Aufgabenverteilung. Dies soll in dieser kleinen Arbeitshilfe aufgezeigt werden.

Natürlich wendet sich dieses Buch sowohl an Männer als auch an Frauen gleichermaßen, wie auch an das dritte Geschlecht. Auf Formulierungen wie „Unternehmerinnen und Unternehmer" wurde aus Gründen der Vereinfachung und der besseren Lesbarkeit des Buches bewusst verzichtet.

2. Ein Ausflug in die Vergangenheit

Fragt man nach der Umsetzung des Datenschutzes im Unternehmen und den dafür Zuständigen oder fordert man gar von einem Auftragsverarbeiter gesetzeskonforme Verträge nach Artikel 28 DS-GVO so erhält man oft langatmige Erklärungen, dass das Geschäft neuerdings so schwierig sei, weil man ja nun auch den Datenschutz einhalten müsse, und dass wegen Datenschutz nun alle Dienstleistungen und Produkte teurer werden.

Ja, die böse Datenschutz Grundverordnung, sie treibt nun die Unternehmen in den Ruin, weil sie plötzlich zu allem Überfluss auch noch den Datenschutz einhalten müssen.

Dabei ist Datenschutz eigentlich ein ganz alter Hut.

2.1 Verschwiegenheitsregeln vor der „Ära Datenschutz"

In meinen Datenschutzseminaren für Unternehmer und auch in Mitarbeiterschulungen zum Datenschutz stelle ich zu Beginn gern eine Schätzfrage an alle Teilnehmer:

„Was meinen Sie, wie alt sind die ältesten Datenschutzregelungen der Welt, die möglicherweise aber noch nicht mit dem Wort „Datenschutz" bezeichnet wurden?"

Reaktionen sind dann erst einmal nervöses Gelächter, An-die-Decke-starren und ähnliches. Wenige trauen sich zu antworten.

Also lasse ich dann meistens alle der Reihe nach antworten. Es kommen dann Antworten wie „Seit es die DSGVO gibt", „zehn Jahre", „25 Jahre", „40 Jahre", „100 Jahre". Ganz mutige, oder manchmal auch diejenigen, die provozieren wollen, antworten mit: „2000 Jahre" und sind dann völlig überrascht, wie richtig sie mit ihrer Einschätzung liegen.

Ja, 2000 Jahre – etwa so alt ist der Eid des Hippokrates, mit dem sich Ärzte nicht nur verpflichten, Kranken nicht zu schaden, sondern sich gleichzeitig auch eine Schweigepflicht auferlegten. Dies findet sich in der heutigen Gesetzgebung wieder. Verstöße gegen die ärztliche Schweigepflicht sind ein Straftatbestand nach § 203 Strafgesetzbuch (StGB).

Eine weitere Regelung zum Schutz personenbezogener Daten ist dann schon etwa eintausend Jahre jünger. Das Beichtgeheimnis ist seit 1215 im Kirchenrecht verankert.

Später kamen dann weitere Regelungen hinzu, die auch den Schutz personenbezogener Daten beinhalten, wie das Amtsgeheimnis, das Steuergeheimnis, Briefgeheimnis, Sozialgeheimnis, Fernmeldegeheimnis und andere.

Auch wenn diese Regelungen nicht als „Datenschutzgesetz" oder „Datengeheimnis" bezeichnet werden, sind sie doch die Vorläufer der Datenschutzgesetzgebung.

2.2 Datenschutzgesetze

Das weltweit erste „Datenschutzgesetz", auf dem auch „Datenschutz" draufstand, war das Hessische Landesdatenschutzgesetz. Es trat am 1. Oktober 1970 in Kraft. Die anderen Bundesländer waren etwas zögerlicher, im Januar 1974 folgte Rheinland-Pfalz.

Im Zeitraum von Dezember 1977 bis Dezember 1978 ging es dann „Schlag auf Schlag". Von Bremen (Dezember 1977) bis Nordrhein-Westfalen (Dezember 1978) hatten fast alle alten Bundesländer ihre Landesdatenschutzgesetze in Kraft gesetzt. Baden-Württemberg (Dezember 1979) und Hamburg (1981) brauchten noch etwas länger.

Im Zeitraum von August 1991 bis September 1992 folgten dann die neuen Bundesländer.

„Aber die gelten doch nur für Behörden, nicht für Unternehmen", wird gern mal argumentiert.

Das erste Bundesdatenschutzgesetz (BDSG-1977) trat am 1. Januar 1998 in Kraft. Seit diesem Zeitpunkt gibt es für Unternehmen und auch andere nicht-öffentlichen Stellen wie Vereine verbindlich einzuhaltende Regelungen zum Datenschutz. Auch damals musste schon ein Datenschutzbeauftragter bestellt werden, allerdings bereits ab einer Grenze von fünf Personen, die automatisiert personenbezogene Daten verarbeiten. Heute (seit November 2019) liegt die Grenze bei zwanzig Personen, sofern die Organisation nicht auf Grund der Art der verarbeiteten Daten oder einer besonderen Verarbeitungstätigkeit mit hohem Risiko für die Betroffenen unabhängig von der Personenzahl zur Bestellung eines Datenschutzbeauftragten verpflichtet ist.

Regelungen zur Auftragsverarbeitung, wie etwa das Schriftformerfordernis und gesetzliche Mindestinhalte bei der Vertragsgestaltung, sowie die Pflicht dem Schutzbedarf der Daten angemessene technische und organisatorische Maßnahmen zu implementieren, waren auch schon im BDSG-1977 festgeschrieben.

Wenn daher jetzt mit dem „neuen Datenschutz" argumentiert wird, verursacht dies bei Eingeweihten nur ein müdes Lächeln und sie denken sich: „40 Jahre lang nur gepennt oder bewusst gegen geltendes Recht verstoßen". Manchmal sprechen sie es auch aus.

Untersuchungen diverser Verbände in der Vergangenheit haben ergeben, dass bis 2017 ca. 60 % aller kleinen und mittleren Unternehmen, die gesetzlich verpflichtet waren, einen Datenschutzbeauftragten zu bestellen, keinen hatten. Bei Vereinen lag dieser Anteil vermutlich noch deutlich höher.

Wie kommt es nun, dass plötzlich alle den Datenschutz entdecken?

Nun ja: Man fliegt auf.

Eine wesentliche Änderung durch die DSGVO ist die Pflicht des Verantwortlichen im Sinne des Artikel 4 Nr. 7 DSGVO, der jeweils zuständigen Datenschutzaufsichtsbehörde den Namen und die Kontaktdaten des Datenschutzbeauftragten unaufgefordert mitzuteilen. Damit verfügen die Aufsichtsbehörden über deutlich einfachere Möglichkeiten, die Bestellung von Datenschutzbeauftragten zu kontrollieren.

Übrigens: Vor 2018 könnten für diesen Verstoß schon Bußgelder von bis zu 50.000 Euro verhängt werden. Die meisten wurden nur nicht erwischt.

3. Die Mitspieler

Datenschutz ist Aufgabe des Datenschutzbeauftragten und/oder der IT-Abteilung. Ein weitverbreiteter Irrtum. Wohlwollend kann man vermuten, dass der Irrglaube darauf beruht, dass im Wort „Datenschutz" das Wort „Daten" vorkommt. Würde man Datenschutz beziehungsweise den Schutz personenbezogener Daten als das bezeichnen, was es eigentlich ist, nämlich ein in Artikel 8 der EU-Grundrechtecharta verbrieftes Grundrecht, wäre es vielleicht etwas klarer.

„Ich weiß ja gar nicht, was ich tun soll", ein oft gehörter Hilfeschrei. Oder vielleicht doch nur eine bequeme Ausrede?

Denn die DSGVO bezeichnet Aufgaben und die dafür Zuständigen sehr konkret. Und, um es gleich vorweg zu nehmen: Der Datenschutzbeauftragte ist darin nicht als Schreibkraft für die Fachbereiche in Bezug auf die Erstellung der notwendigen Dokumentation vorgesehen.

In der DSGVO werden bei Aufgabenverteilung als Handelnde drei Rollen benannt:

1. Der Verantwortliche
2. Der Datenschutzbeauftrage
3. Der Auftragsverarbeiter

„Verantwortlicher" ist gemäß Artikel 4 Nr. 7 DSGVO *die natürliche oder juristische Person, Behörde, Einrichtung oder andere Stelle, die allein oder gemeinsam mit anderen über die Zwecke und Mittel der Verarbeitung von personenbezogenen Daten entscheidet.*

Da immer Menschen erforderlich sind, damit eine juristische Person (ein Unternehmen, ein Verein) handeln kann, ist mit

„Verantwortlicher" immer die oberste Führungsebene gemeint, also z.B. der Geschäftsführer, der Vereinsvorstand. Bei Einzelunternehmen ist es immer der Inhaber. Datenschutz ist eben Chefsache!

„Auftragsverarbeiter" ist gemäß Artikel 4 Nr. 7 DSGVO *eine natürliche oder juristische Person, Behörde, Einrichtung oder andere Stelle, die personenbezogene Daten im Auftrag des Verantwortlichen verarbeitet.*

Wichtig an dieser Stelle ist, dass der Auftragsverarbeiter weisungsgebunden arbeitet und nicht über die Mittel und Zwecke der Verarbeitung entscheidet. Dies scheint noch nicht in den Köpfen mancher Auftragsverarbeiter verankert zu sein, insbesondere nicht in denen externer IT-Dienstleister.

Zusätzlich zu diesen oben genannten Rollen sind im Datenschutzmanagement die Aufgaben von IT-Abteilung und Sachbearbeitern in den Fachbereichen zu betrachten, da auch sie wesentlich an der Verarbeitung beteiligt sind.

Grundsätzlich sind Informationssicherheitsbeauftragte und oder IT-Sicherheitsbeauftragte herausragende Rollen im Unternehmen in Bezug auf die Datensicherheit. In der Datenschutzgesetzgebung haben sie keine besonders benannte gesetzliche Aufgabe. Daher werden sie hier nicht gesondert betrachtet.

Der Verantwortliche, also die oberste Führungsebene, ist verantwortlich für die Einhaltung des Datenschutzes im Unternehmen. Da die Leitung in der Regel ab einer gewissen Unternehmensgröße keine operativen Aufgaben mehr übernimmt, sollte es zusätzlich noch die Rolle des „Verfahrensverantwortlichen" im Unternehmen geben. Dies sind diejenigen, die die typischen Datenschutzaufgaben rund um die Fachverfahren übernehmen. Diese Aufgabe sollte von der Leitung am besten schriftlich delegiert werden, klassischerweise an die Abteilungsleitungen oder andere Führungspositionen, die die Anforderungen an die Verfahren stellen, die Zwecke bestimmen und die Prozesse vorgeben.

Das Benennen von Verfahrensverantwortlichen entbindet die oberste Leitung allerdings nicht von ihrer Verantwortung für den Datenschutz.

Bei der Benennung von Verfahrensverantwortlichen sollte auch festgelegt werden, dass diese Aufgabe nicht weiter nach unten delegiert werden darf. Beschäftigte in tieferen Hierarchieebenen haben üblicherweise nicht die Befugnisse, die sie benötigen, um die Aufgaben eines Verfahrensverantwortlichen zu erledigen.

Damit haben wir für Übernahme von Aufgaben im Datenschutz bei einer Organisation folgende Mitspieler identifiziert:

- Verantwortlicher
- Verfahrensverantwortlicher
- Datenschutzbeauftragter
- IT-Abteilung
- Beschäftige
- Ggf. beteiligte Auftragsverarbeiter

4. Wer macht nun was konkret?

Unser Datenschutzteam haben wir nun definiert. Aber dies bedeutet nicht, dass die Aufgaben jetzt einfach nach der Devise „TEAM – toll, ein anderer macht's" beliebig verteilt werden können.

Nachfolgend wird beschrieben, welche Aufgaben aus der DSGVO den einzelnen Rollen zugeordnet sind.

4.1 Verantwortlicher

Dieser Unterabschnitt enthält die Aufgaben / Verantwortlichkeiten des Verantwortlichen, also der Leitung, die nicht an die Verfahrensverantwortlichen delegiert werden können.

Der Verantwortliche ist für die Einhaltung des Datenschutzes verantwortlich und muss die auch nachweisen können (Rechenschaftspflicht), vgl. Artikel 5 Abs. 2 DSGVO. Das Erstellen der Nachweise zur Erfüllung der Rechenschaftspflicht kann in Teilen an die Verfahrensverantwortlichen delegiert werden.

Der Verantwortliche muss entsprechend der Vorgaben aus Artikel 37 DSGVO ggf. i.V.m. § 38 BDSG oder anderer anzuwendender Regelungen einen Datenschutzbeauftragten bestellen. Dabei muss er den Datenschutzbeauftragten sorgfältig auswählen und darauf achten, dass dieser die geforderten Anforderungen an die Fachkunde erfüllt sowie ausreichende Datenschutzpraxis mitbringt. Außerdem muss er sicherstellen, dass Name und Kontaktdaten des Datenschutzbeauftragten an die Aufsichtsbehörde gemeldet werden.

Die Meldung von Verletzungen des Schutzes personenbezogener Daten (Datenpannen) an die Aufsichtsbehörde gemäß Artikel 33 DSGVO ist Chefsache. Die Verfahrensverantwortlichen und die IT-Abteilung müssen allerdings zuarbeiten. Der Datenschutzbeauftragte berät.

Auch die Information der von den Datenpannen Betroffenen bei hohem Risiko ist Aufgabe des Verantwortlichen.

4.2 Verantwortlicher / Verfahrensverantwortlicher

Da in der DSGVO und weiteren Regelungen zu Datenschutz nur der Verantwortliche genannt ist, wird in diesem Abschnitt immer vom Verantwortlichen gesprochen, auch wenn der Verfahrensverantwortliche, an den die Aufgabe delegiert wurde, gemeint ist.

Der Verantwortliche muss den Nachweis erbringen, dass er den Datenschutz einhält (Rechenschaftspflicht). Hierunter verbirgt sich in erster Linie Definition von Prozessen, Dokumentation und Kontrolle, eigentlich klassisches Qualitätsmanagement.

Bei Verarbeitungen, deren Rechtgrundlage eine Einwilligung ist, muss der Verantwortliche nachweisen können, dass der Betroffene in die Verarbeitung eingewilligt hat.

Der Verantwortliche muss die Wahrung der Betroffenenrechte sicherstellen.

Der Verantwortliche muss geeignete technische und organisatorische Maßnahmen treffen, um die Einhaltung des Datenschutzes zu gewährleisten.

Weiter muss er die die Anforderungen Datenschutz durch Technikgestaltung und Datenschutz durch datenschutzfreundliche Voreinstellungen erfüllen. Dies muss schon bei Ausschreibungen / Beschaffung neuer Komponenten berücksichtigt werden, auch wenn die meisten Hersteller von Hard- und Software hier nur schwerfällig den Anforderungen nachkommen.

Wenn der Verantwortliche Daten im Auftrag verarbeiten lässt, muss er geeignete Auftragsverarbeiter auswählen, die hinreichend Garantien dafür bieten, dass sie den Datenschutz einhalten. Verträge nach Artikel 28 DSGVO sind zu schließen, Regelungen zu Unterauftragnehmern sind darin zu treffen. Weiter muss der Verantwortliche beim Auftragnehmer dem Risiko der Verarbeitung angemessene Kontrollen durchführen.

„Der Datenschutzbeauftragte führt das Verzeichnis der Verarbeitungstätigkeiten". Diese umgangssprachliche Beschreibung des § 4g Abs. 2 BDSG alte Fassung wurde immer wieder so interpretiert, dass der Datenschutzbeauftragte zur Erstellung dieser Dokumentation verpflichtet sei. Dies war nie so vom Gesetzgeber vorgesehen. Zur Verdeutlichung hier der Ausschnitt aus dem alten BDSG:

Dem Beauftragten für den Datenschutz ist von der verantwortlichen Stelle eine Übersicht über die in § 4e Satz 1 genannten Angaben sowie über zugriffsberechtigte Personen zur Verfügung zu stellen. Der Beauftragte für den Datenschutz macht die Angaben nach § 4e Satz 1 Nr. 1 bis 8 auf Antrag jedermann in geeigneter Weise verfügbar.

Auch das Verzeichnis der Verarbeitungstätigkeiten nach Artikel 30 DSGVO ist durch den Verantwortlichen zu erstellen. Dies ist nicht die Aufgabe des Datenschutzbeauftragten und auch nicht ausschließliche Aufgabe der IT-Abteilung. Die IT-Abteilung als Zulieferer der Basis-Infrastruktur muss für das Verzeichnis der Verarbeitungstätigkeiten zuarbeiten wie auch der Auftragsverarbeiter, sofern notwendig.

Test und Freigabe von Verfahren werden immer gern vergessen. Die DSGVO verwendet diese Worte nicht. Test und Freigabe sind aber Teil eines ordnungsgemäßen IT-Betriebes, sind daher zum Nachweis der Geeignetheit der technischen und organisatorischen Maßnahmen unabdingbar. Ableiten kann man die Verpflichtung hierzu aus Artikel 32 Abs. 1 (d)

DSGVO: … diese Maßnahmen schließen unter anderem Folgendes ein: *…ein Verfahren zur regelmäßigen Überprüfung, Bewertung und Evaluierung der Wirksamkeit der technischen und organisatorischen Maßnahmen zur Gewährleistung der Sicherheit der Verarbeitung.*

Deutlicher sind hier teilweise auf Öffnungsklauseln der DSGVO basierende ergänzende nationale Regelungen, wie z.B. in § 7 Abs. 1 Landesdatenschutzgesetz Schleswig-Holstein:

Automatisierte Verfahren sind vor ihrem erstmaligen Einsatz und nach wesentlichen Änderungen hinsichtlich einer wirksamen Umsetzung von technischen und organisatorischen Maßnahmen zur Gewährleistung der Sicherheit der Datenverarbeitung von dem Verantwortlichen oder einer von ihm beauftragten Person freizugeben. Das Testverfahren ist zu dokumentieren.

Die Datenschutz Folgenabschätzung und auch die anschließend notwendige Konsultation der Aufsichtsbehörde ist Aufgabe des Verantwortlichen, nicht des Datenschutzbeauftragten. Der Datenschutzbeauftragte berät hier auf Anfrage, kontrolliert und ist ggf. Ansprechpartner für die Aufsichtsbehörde, wenn nach Durchführung der Datenschutz Folgenabschätzung immer noch ein hohes Risiko besteht und damit eine Konsultation der Aufsichtsbehörde durch den Verantwortlichen gemäß Artikel 36 DSGVO erforderlich ist.

4.3 Datenschutzbeauftragter

Die wesentlichen Aufgaben des Datenschutzbeauftragten ergeben sich aus Artikel 39 Abs. 1 DSGVO (Auszug aus dem Gesetzestext):

a) *Unterrichtung und Beratung des Verantwortlichen oder des Auftragsverarbeiters und der Beschäftigten, die Verarbeitungen durchführen, hinsichtlich ihrer Pflichten nach dieser Verordnung sowie nach sonstigen Datenschutzvorschriften der Union bzw. der Mitgliedstaaten;*

b) *Überwachung der Einhaltung dieser Verordnung, anderer Datenschutzvorschriften der Union bzw. der Mitgliedstaaten sowie der Strategien des Verantwortlichen oder des Auftragsverarbeiters für den Schutz personenbezogener Daten einschließlich der Zuweisung von Zuständigkeiten, der Sensibilisierung und Schulung der an den Verarbeitungsvorgängen beteiligten Mitarbeiter und der diesbezüglichen Überprüfungen;*

c) *Beratung — auf Anfrage — im Zusammenhang mit der Datenschutz-Folgenabschätzung und Überwachung ihrer Durchführung gemäß Artikel 35 DSGVO;*

d) *Zusammenarbeit mit der Aufsichtsbehörde;*

e) *Tätigkeit als Anlaufstelle für die Aufsichtsbehörde in mit der Verarbeitung zusammenhängenden Fragen, einschließlich der vorherigen Konsultation gemäß Artikel 36 DSGVO, und gegebenenfalls Beratung zu allen sonstigen Fragen.*

Allerdings soll er dabei nicht zunächst die einfachen, bequem zu erledigenden Aufgaben angehen, sondern risikobasiert vorgehen.

Der Datenschutzbeauftragte muss über die notwendige Fachkunde verfügen. Dazu gehört Datenschutzrecht, Datenschutzpraxis, solide Grundkenntnisse der IT sowie weitere notwendige Kenntnisse entsprechend der Organisation, in der er tätig ist, wie z.B. Abläufe in den Abteilungen der Organisation, Sozialdatenschutz, Verwaltungskenntnisse.

Eine gute Orientierungshilfe bieten hierzu der Beschluss des Düsseldorfer Kreises vom 24./25. November 2010: „Mindestanforderungen an Fachkunde und Unabhängigkeit des Beauftragten für den Datenschutz nach § 4f Abs. 2 und 3 Bundesdatenschutzgesetz (BDSG)" sowie das Ulmer Urteil (Az.: 5T 153/90-01 LG Ulm).

Es reicht nicht aus, dass diese Kenntnisse einmalig bei Bestellung vorliegen, sondern der Datenschutzbeauftragte muss dafür Sorge tragen, dass seine Fachkunde immer auf dem aktuellen Stand ist. Dazu ist regelmäßige Fortbildung und Fachliteratur erforderlich. Die Mittel dafür muss der Verantwortliche zur Verfügung stellen.

Weiter ist der Datenschutzbeauftragte Ansprechpartner der Betroffenen zu allen mit der Verarbeitung ihrer personenbezogenen Daten und mit der Wahrnehmung ihrer Rechte aus der Datenschutzgesetzgebung im Zusammenhang stehenden Fragen.

Der Datenschutzbeauftragte ist in Ausübung seiner Aufgaben weisungsfrei und berichtet stets an die obere Managementebene.

4.4 IT-Abteilung

Die IT-Abteilung ist zuständig für die Bereitstellung und Dokumentation der Basis-Infrastruktur. Wesentliche Komponenten sind z.B.

- Verkabelung, Hardware
- Betriebssystem, Datenbanken
- Zentrale Dienste (Active-Directory, E-Mail)

Sie soll die IT-Sicherheit gewährleisten. Die Verantwortung trägt allerdings auch hier – wie beim Datenschutz – die oberste Leitung.

Vergabe und Entzug von Berechtigungen wird in der Regel auch von der IT-Abteilung durchgeführt. Hier handelt sie allerdings nicht eigenverantwortlich, sondern nur auf Weisung derjenigen, die über Vergabe und Entzug von Berechtigungen entscheiden. Dies sind in der Regel die Verfahrensverantwortlichen, im Zweifel der Verantwortliche selbst.

Auch die Produktivsetzung, Änderungen an Verfahren und Außerbetriebnahme von Verfahren sowie Updates erfolgen nicht nach Gutdünken der IT-Abteilung, sondern nur auf Weisung des Verantwortlichen / Verfahrensverantwortlichen.

Bei Änderungen und Updates sind jeweils Test und Freigabe erforderlich. Insbesondere ist bei Änderungen innerhalb der Basisinfrastruktur immer vorab zu testen, wie sich diese auf die darin laufenden Fachverfahren auswirken. Auch diese müssen dann ggf. wieder getestet und freigegeben werden.

4.5 Beschäftige

Sie sind verpflichtet den Datenschutz in ihrem Bereich einzuhalten.

Die Beschäftigten arbeiten nach Weisung. Ihnen können auch Aufgaben im Datenschutzmanagement wie Erstellung von Dokumentationen, Mitarbeit der der Durchführung von Test, Mitarbeit bei der Datenschutz Folgenabschätzung zugewiesen werden.

4.6 Ggf. beteiligte Auftragsverarbeiter

Der Auftragsverarbeiter verarbeitet die Daten auf Weisung des Verantwortlichen entsprechend der in einem Vertrag, der die Anforderungen aus Artikel 28 DSGVO erfüllt, getroffenen Weisungen.

Gleichwohl muss der Auftragsverarbeiter alle Basisanforderungen aus der DSGVO erfüllen, die zur Einhaltung der Regelungen bei der Auftragsverarbeitung wie auch seiner eigenen Verarbeitungen notwendig sind. Dazu gehören insbesondere geeignete technische und organisatorische Maßnahmen, Nachweise zur Erfüllung der Rechenschaftspflicht, und wenn erforderlich Bestellung eines Datenschutzbeauftragten.

Stellen Betroffene Anfragen an den Auftragsverarbeiter, so muss er diese an den Verantwortlichen weiterleiten.

Weitere Aufgaben des Auftragsverarbeiters bzgl. der Auftragsverarbeitung ergeben sich aus Artikel 28 DSGVO.

Einhaltung des Datenschutzes	Verantwortlicher
Nachweis der Einhaltung (Rechenschaftspflicht)	(Verfahrens-) Verantwortlicher
Nachweis der Einwilligung	(Verfahrens-) Verantwortlicher
Unterrichtung des Verantwortlichen und der Beschäftigten	Datenschutz- beauftragter
Beratung des Verantwortlichen	Datenschutz- beauftragter
Datenschutz Folgenabschätzung Verantwortlich für die Durchführung	(Verfahrens-) Verantwortlicher
Datenschutz Folgenabschätzung Beratung auf Anfrage	Datenschutz- beauftragter
Datenschutz Folgenabschätzung Mitarbeit bei der Durchführung	(Verfahrens-) Verantwortlicher Weitere benannte Beteiligte, sofern benötigt: IT-Abteilung Sachbearbeiter Betriebsrat Auftragsverarbeiter Betroffene

Ansprechpartner für die Aufsichtsbehörde in allen Fragen des Datenschutzes	Datenschutz-beauftragter
Zusammenarbeit mit der Aufsichtsbehörde	Verantwortlicher Datenschutz-beauftragter Auftragsverarbeiter
Erhaltung der Fachkunde	Datenschutz-beauftragter
Bereitstellung der notwendigen Ressourcen für die Arbeit des Datenschutz-beauftragten	(Verfahrens-) Verantwortlicher Auftragsverarbeiter
Ansprechpartner für Betroffene	Datenschutz-beauftragter
Bereitstellung und Dokumentation der Basis-Infrastruktur	IT-Abteilung
IT-Sicherheit	IT-Abteilung
Berechtigungsvergabe und -entzug auf Weisung	IT-Abteilung
Produktivsetzung von Verfahren auf Weisung	IT-Abteilung
Updates von Verfahren auf Weisung	IT-Abteilung
Außerbetriebnahme von Verfahren auf Weisung	IT-Abteilung
Sicherstellung der Betroffenenrechte	(Verfahrens-) Verantwortlicher

Weiterleitung von Anfragen Betroffener an den Verantwortlichen	Auftragsverarbeiter
Bereitstellung der notwendigen Informationen und weiteren Ressourcen für Kontrollen des Datenschutzbeauftragten	(Verfahrens-) Verantwortlicher Auftragsverarbeiter
Geeignete technische und organisatorische Maßnahmen	(Verfahrens-) Verantwortlicher Auftragsverarbeiter
Datenschutz durch Technikgestaltung und datenschutzfreundliche Voreinstellungen	(Verfahrens-) Verantwortlicher Auftragsverarbeiter
Geeignete Auftragsverarbeiter auswählen	(Verfahrens-) Verantwortlicher
Verträge zur Auftragsverarbeitung	(Verfahrens-) Verantwortlicher
Beratung bei der Wahl von Auftragsverarbeitern	Datenschutz- beauftragter
Kontrolle der Auftragsverarbeiter	(Verfahrens-) Verantwortlicher Datenschutz- beauftragter Auftragsverarbeiter (Kontrolle der Unterauftragnehmer)

Verzeichnis der Verarbeitungstätigkeiten	(Verfahrens-) Verantwortlicher Zuarbeit: IT-Abteilung, Auftragsverarbeiter
Test von Verfahren	(Verfahrens-) Verantwortlicher
Freigabe von Verfahren	(Verfahrens-) Verantwortlicher
Meldung von Datenpannen an die Aufsichtsbehörde	Verantwortlicher
Information Betroffener bei Datenpannen	Verantwortlicher
Bestellung eines Datenschutzbeauftragten	Verantwortlicher
Meldung von Namen und Kontaktdaten des Datenschutzbeauftragten an die Aufsichtsbehörde	Verantwortlicher

Abkürzungsverzeichnis

Abs.	Absatz
BDSG	Bundesdatenschutzgesetz
BDSG-1977	Bundesdatenschutzgesetz in der im Jahr 1977 verabschiedeten Fassung. Es trat zum 1. Januar 1978 in Kraft.
DSGVO	Datenschutz Grundverordnung (VERORDNUNG (EU) 2016/679)
IT	Informationstechnik
LDSG-SH	Landesdatenschutzgesetz Schleswig-Holstein
StGB	Strafgesetzbuch